Sentimentos

O LIVRO DA ALMA

Thyago Avelino,
Pelo Espírito Lucius

ALFABETO

Direção Editorial: Edmilson Duran
Produção Editorial: Rackel Accetti
Revisão: Tatiana Müller
Ilustrações: Banco de dados Freepik e IA
Capa e diagramação: Bella Diagramação

DADOS INTERNACIONAIS DE CATALOGAÇÃO NA PUBLICAÇÃO (CIP)

Lucius (Espírito)
Sentimentos: o livro da alma / Thyago Avelino pelo Espírito Lucius. -- São Paulo: Alfabeto, 2025.
128 p. ; il.

ISBN 978-65-87905-89-1

1. Espiritismo 2. Literatura espírita 3. Vida espiritual
I. Título II. Avelino Thyago

25-2405 CDD 133.93

ALFABETO

www.editoraalfabeto.com.br

EDITORA ALFABETO

Rua Ângela Tomé, 109 - Rudge Ramos | CEP: 09624-070
São Bernardo do Campo/SP | Tel: (11)2351.4168
editorial@editoraalfabeto.com.br

Prefácio

Por Fábio Dantas

Há livros que nos informam, livros que nos emocionam, e há livros que nos **transformam**. Este é um desses livros raros. ***Sentimentos: O Livro da Alma***, de **Thyago Avelino**, inspirado pelo Espírito **Lucius**, é um verdadeiro mapa espiritual da sensibilidade humana — um convite profundo à autodescoberta, ao autoacolhimento e à autotransformação.

A obra nos conduz por uma estrada de revelações e reflexões, tocando, um a um, os sentimentos que habitam o coração do ser humano. Medo, culpa, alegria, rancor, saudade, desespero, caridade, dúvida, amor e tantos outros são desnudados aqui com sabedoria espiritual e clareza acolhedora. Cada capítulo é um espelho que nos convida a olhar para dentro, sem julgamento, mas com coragem.

A grandeza desta obra está justamente em **dar voz ao que muitas vezes silenciamos**: os sentimentos profundos que nos movem, nos aprisionam ou nos libertam.

Este não é um livro para ser lido com pressa. É um livro para ser **sentido**. Cada palavra carrega um bálsamo, uma chave, um lembrete de quem realmente somos: almas em jornada, seres em cura, centelhas do divino aprendendo a amar com mais verdade.

Ao leitor que se dispõe a abrir estas páginas, recomendo: leia com o coração. Permita-se ser tocado, não apenas nas ideias, mas no espírito. Releia sempre que se sentir perdido, confuso ou desconectado de si. Este livro é um farol nas noites escuras da alma, um companheiro para quem busca compreender que **sentir é parte do caminho de despertar**.

Fábio Dantas

Educador espiritual, escritor e doutor em Direito.

Sumário

Introdução 11

1. Tristeza 17

2. Alegria 23

3. Vergonha. 29

4. Decepção 35

5. Saudade 41

6. Rancor 47

7. Solidariedade. 53

8. Paz 59

9. Medo. 63

10. Apego 67

11. Desespero 73

12. Arrependimento 79

13. Inveja 85

14. Desilusão 91

15. Culpa 97

16. Caridade 103

17. Dúvida 109

18. Amor 115

19. Ódio 121

Posfácio 125

Introdução

Um pássaro cantou à janela de uma linda garota que estava triste com suas atitudes diante da vida e não sabia como melhorar. Ao ouvir aquele canto melodioso e alegre em meio à sua tristeza, questionou-se: "Por que o pássaro canta, mesmo em tempos tão escuros?". Ela não havia percebido que, segurando o pássaro, estava uma mulher vestida de branco, com um rosto angelical, acompanhando as melodias com ternura.

A música cessou. Os olhares se encontraram. Então, a mentora espiritual perguntou:

— Quais sentimentos estão tumultuados dentro de ti, linda garota?

— Sentimentos? — respondeu a jovem, assustada.

— Sim, sentimentos. Conheces o verdadeiro sentido desta palavra?

— Sinceramente, nunca parei para pensar no significado. Nunca parei para refletir sobre meus sentimentos.

— Sentimento é uma linguagem universal que todos os seres — encarnados, desencarnados e até os elementos da natureza — conhecem. É a expressão do que se sente de dentro para fora, criada pela mente do observador interno. Em essência, é autorreflexão e autoconhecimento: a união de pensamentos e reações do corpo, transmitida ao mundo visível.

— Ah! São palavras tão bonitas... mas ainda não entendi como, de fato, sentir meus sentimentos.

— Para que o sentimento seja sentido com verdade, o caminho entre o coração e a mente precisa estar livre. Quando há bloqueios nesse percurso, o que se manifesta são reações químicas, não sentimentos — como no caso da depressão.

— Isso é fantástico!

— Estás com uma doença da alma chamada melancolia — nascida da ausência de propósitos concretos dentro de ti, refletida em indefinições espirituais alimentadas por opiniões alheias. Quando o corpo físico ou o espírito está adoecido, o canal de vazão dessas dores são as reações emocionais, muitas vezes confundidas com sentimentos.

— Preciso compartilhar isso com meus familiares e amigos!

— Antes, acalma teus ímpetos com doses de alegria. A alegria é um sentimento puro, mas precisa ser compreendida com a serenidade que a tua alma exige neste momento.

— Obrigada, irmã iluminada. Como posso chamá-la?

— Eu sou tu. Sou o reflexo mais puro da tua essência, em sintonia com o astral sublime. Sou tudo o que tu podes ser, e tudo o que ainda desconheces. Sou tua Caixa de Pandora, pronta para ser desbravada e curada dos sentimentos adormecidos.

— Estou cada vez mais reflexiva... Nunca imaginei estar tão comigo mesma. Sempre me vi através dos paradigmas que os outros me impuseram.

— Aos poucos, aprenderás a lidar com os outros dentro da tua própria vida. Isso será inevitável, pois jamais estarás sozinha.

— Sinto que preciso do amparo dos irmãos de luz para conceituar corretamente meus sentimentos e distinguir doenças do corpo das tempestades espirituais.

— Um bom começo! Estou feliz por ti. Desde que começamos nossa conversa, percebo tua melhora.

— Já não sou a mesma. E sei que, ao final do estudo dos sentimentos, não serei jamais quem fui antes.

— Então, sigamos. Porque sentimentos não faltam — para serem sentidos e, principalmente, compreendidos.

Após essa conversa com a suposta desconhecida que cantarolava em sua janela com o pássaro, a jovem sentou-se, pegou lápis e papel e começou a registrar suas dúvidas e reflexões, desejando levá-las às bibliotecas espirituais.

Na verdade, a jovem descrita nesta história já estava desencarnada, vagando pelos campos medianos. Após a visita dos mentores, ela despertou para os compromissos do plano espiritual — e hoje nos ajudará a compreender e a discernir os sentimentos apresentados neste livro.

Boa leitura!

Espírito Lucius

1

Tristeza

Triste é a criatura que apenas sente... Feliz é aquela que aprende com esse sentimento.

A tristeza pode chegar de forma lenta, após repetidas frustrações diante de expectativas não correspondidas; ou então pode se instalar abruptamente, como consequência de um trauma profundo que fere a alma e desestabiliza o coração.

Esse sentimento, que tantas vezes é personagem principal de grandes histórias de dor e superação, convida à pausa e à reflexão. É necessário parar e observar: como a tristeza penetrou em mim? De que forma se alojou, sem que eu percebesse?

Muitos desencarnam devido à tristeza — por meio de acidentes, homicídios, suicídios, doenças físicas. Mas, ao mesmo tempo, é a tristeza que, em sua sabedoria oculta, remove o véu da ilusão e mostra a realidade muitas vezes ignorada.

Sim, a tristeza pode matar.

Mas também pode curar.

Tudo dependerá de como ela é acolhida e administrada.

É preciso lembrar: a tristeza é um sentimento nobre, porém traiçoeiro. Se mal conduzida, pode dominar os pensamentos e transformar a pessoa em marionete de suas próprias dores, conduzindo-a aos abismos mais profundos da existência.

Há quem conviva com a tristeza há tanto tempo que já a considere parte de si, como uma companheira silenciosa e inseparável. Guardada no peito como veneno, ela se espalha lentamente, gota a gota, corroendo as estruturas internas e podendo, inclusive, gerar doenças como o câncer — expressão corporal de uma dor não tratada.

Muitos vivem tristes sem saber. Confundem-se com sisudos ou rabugentos, mas, no fundo, são prisioneiros de sentimentos mal elaborados, reféns de emoções reprimidas que, com o tempo, tomam o controle de sua vida.

Se você se reconhece em algum desses aspectos, não se desespere.

Se não se reconhece, não se acomode, pois ninguém está isento da visita da tristeza.

Aquele aperto no peito que dura horas ou dias... aquela sensação de vazio que insiste em ficar... é a tristeza pedindo passagem, tentando sair do corpo e ocupar o ser. Nesse momento, porém, os anticorpos emocionais se ativam, tentando neutralizar os efeitos dessa energia densa.

Sim, sentimentos também têm anticorpos.

Assim como a tristeza pode nos invadir, a alegria pode nos curar.

Ela é o antídoto natural, ajudada pela compreensão, pelo autoconhecimento e pela vontade de se levantar.

Esta dinâmica é uma das principais alquimias da espiritualidade: transformar emoções em aprendizado e sofrimento em sabedoria.

Há os que conseguem expressar sua tristeza conversando com profissionais da mente ou desabafando com quem a provocou. O ideal, no entanto, é que essas duas opções se complementem: o auxílio terapêutico e o diálogo maduro com quem foi causa da dor. Guardar o que se sente é como encher, pouco a pouco, uma bomba de pólvora prestes a explodir.

A explosão pode ocorrer no corpo físico, no campo espiritual — e não há dor maior que a dor da alma — ou no rompimento de vínculos e da liberdade.

A tristeza é um sentimento que apura. Com frequência, escolhemos o silêncio para não ferir o outro, mas adoecemos por dentro. E quando o desencarne chega, o espírito vaga entre os arrependidos, desejando dizer o que não teve coragem.

Não digo que todas as verdades devam ser ditas a qualquer custo, mas afirmo que relações construídas sem autenticidade alimentam a ilusão — e esta, quando desfeita, deixa no solo fértil a semente da tristeza.

O segredo está em não alimentar a erva daninha dessa emoção, mas também não a rejeitar. Toda criatura, em algum momento, precisa aprender a conviver com a tristeza e, sobretudo, a administrá-la com sabedoria.

A tristeza pode modificar, elevar, amadurecer, desde que seja enfrentada com inteligência emocional, e não com revolta ou fuga. A tristeza, quando não transmutada, apodrece a alma, empobrece o espírito e adoece o corpo.

Infelizmente, muitos se acostumam com esse estado — e deixam de lutar.

Por isso, viva sua tristeza quando ela chegar.

Mas não se mude para a casa dela.

Aprenda com ela.

Transmute-a.

E siga adiante.

Retire da tristeza os ensinamentos necessários para não repetir os erros do passado. Fortaleça, com ela, os sentimentos que conduzem à luz — e construa, dentro de si, um santuário de amor, equilíbrio e superação.

2
Alegria

A alegria é um sentimento tão sublime que, quando genuinamente sentido, desperta o desejo de eternidade. É prazer puro, é nostalgia encantada do instante presente, é gratidão pela vida. Geralmente, caminha de mãos dadas com a vitória, pois representa o êxito da alma em seus objetivos — mesmo os mais simples.

A expressão mais comum da alegria é o sorriso. E não importa o formato, a quantidade de dentes ou o jeito — o sorriso carrega consigo uma energia contagiante, capaz de irradiar luz para quem o oferece e para quem o recebe.

A alegria cura.

Ela renova, inspira, transforma.

É remédio para os desânimos e impulso para continuar.

Há quem sinta alegria ao ver o outro feliz. E há quem, diante da felicidade alheia, experimente tristeza, inveja, frustração... Por quê? Porque a alegria do outro desperta, em muitos, a percepção de suas próprias faltas. Em uma disputa, por exemplo, mesmo sabendo que nem todos vencerão, o brilho do vencedor pode gerar dor no que não conseguiu alcançar o mesmo sucesso.

A alegria pode provocar inveja.

Sim.

O coração não resolvido, quando vê a luz do outro, trava uma batalha interna.

Por vezes, essa batalha se projeta para fora, vampirizando energias, minando esperanças, plantando sombras no campo emocional alheio.

Quantas vezes você já esteve radiante, leve, confiante... e, após um encontro ou uma conversa, sentiu-se esgotado, como se algo lhe tivesse sido roubado? Talvez sua alegria tenha sido sugada por um olhar opaco, por um coração ressentido, por uma presença sem luz.

A alegria, por ser luz, incomoda as trevas.

Ela irradia otimismo mesmo diante dos desafios.

É capaz de ver solução onde só havia problemas, de oferecer ternura mesmo em ambientes de hostilidade, de levar paz onde antes reinava o caos.

A alegria é contagiante — se você se permitir ser contagiado.

Pessoas alegres vivem mais — não porque não tenham problemas, mas porque aprenderam a enfrentá-los com leveza, sabedoria e fé.

Para quem está em sintonia com a alegria, a vida ganha cor, propósito e entusiasmo. A tristeza ainda pode bater à porta, mas não encontra morada. O choro pode vir, mas será acompanhado de aprendizado. A dor pode chegar, mas não conseguirá enraizar.

Curiosamente, há também a alegria que dói — aquela que faz chorar. É o riso que vira lágrima, não por tristeza, mas por excesso de gratidão. Quem já experimentou sabe: existe uma alegria tão intensa, tão verdadeira, que o coração transborda em lágrimas luminosas.

Falar de alegria pode parecer simples, mas compreender sua profundidade é tarefa complexa, pois ela carrega em si inúmeros outros sentimentos.

A alegria, quando mal administrada, também pode ser perigosa — um excesso que o corpo frágil nem sempre suporta. Sim, a alegria pode até matar. Há corações que se encerram no êxtase de um reencontro, de uma notícia inesperada, de uma realização há muito aguardada.

Se há de se morrer, que seja de alegria — pois tal desencarne chega leve ao plano espiritual e é recebido com afeto pelos benfeitores, que logo acolhem aquele espírito com bálsamos suaves de amor.

No entanto, nem todos aceitam a alegria como direito.

Existem forças que se alimentam das sombras humanas — e quando você decide vibrar no bem, caminhar na luz, buscar a paz, essas forças tentam desviá-lo do seu propósito.

A alegria, portanto, exige vigilância, pois, quanto mais luz você emana, mais será testado em sua integridade emocional.

Evite alimentar sentimentos tóxicos.

Quanto menos você vibrar na raiva, na mágoa, no orgulho, na inveja, mais fracas ficarão as falanges do desequilíbrio ao seu redor.

Mesmo que tropece, mesmo que caia, volte-se para a alegria como quem volta ao lar.

Por isso, afirmo: a alegria é um sentimento sagrado e acessível a todos.

Ela não precisa de anúncio nem de plateia.

Não se compra, não se força, não se finge.

A alegria simplesmente acontece —

quando o coração está disponível,

quando a alma está limpa,

quando o amor encontra espaço.

Sinta-a.

Expresse-a.

E compartilhe-a com o mundo.

3
Vergonha

A vergonha é um sentimento que fere profundamente a alma de quem a sente e, ao mesmo tempo, revela muito aos olhos dos outros. Há quem diga que, depois de sentir vergonha várias vezes, o indivíduo perde o senso crítico e começa a agir sem a menor noção do certo e do errado. Porém, na verdade, a vergonha também pode ser uma grande mestra — quando bem compreendida e transmutada.

Ela pode chegar de várias formas: após uma atitude reprovada pela sociedade, depois de palavras impensadas que ferem e não encontram acolhida, durante um momento em que se cala diante de uma verdade necessária, ou quando se diz algo que não corresponde à realidade apenas para manter aparências.

A vergonha pode surgir quando alguém deixa de ajudar um amigo verdadeiro, quando arrecada algo em nome da coletividade e o desvia para benefício próprio, quando mente sobre o que sabe ou sobre quem é, quando se apresenta como forte, mas desmorona ao menor sopro da vida.

Se você parar por um instante para refletir sobre as vergonhas que já sentiu — ou que causou — perceberá que este sentimento tem poder de transformação.

Sim, a vergonha paralisa.

Faz com que muitos não queiram sair de casa, evitem encontros, baixem os olhos...

Ela se instala na mente e no peito como um peso que sufoca e impede o ser de florescer.

Quantos evitam o olhar do outro por estarem aprisionados em suas próprias culpas?

A vergonha, não raro, é parceira de atitudes reprováveis que, mesmo ocultas, deixam marcas no semblante e no comportamento.

Existem também aqueles que se dizem envergonhados desde a infância. Recolhidos nos cantos, silenciosos nas rodas de conversa, retraídos a ponto de não expressarem suas opiniões nem quando solicitados. Essa forma de agir, frequentemente, é fruto de traumas ou de vivências em que se sentiram expostos, julgados ou rejeitados.

Nesses casos, a vergonha vira um escudo.

Uma couraça que protege, mas também aprisiona.

E, como toda prisão, mais cedo ou mais tarde, provocará uma explosão.

Ninguém nasce envergonhado — mas sim condicionado a agir assim por medos não curados, por dores não ditas, por experiências mal digeridas.

A vergonha pode até parecer um refúgio seguro, mas não é.

Ela é sintoma de algo mais profundo — algo que precisa ser olhado com coragem e compaixão.

E aqui está o convite:

olhe para si com verdade.

Reconheça os sentimentos que o fazem calar, que o fazem encolher.

Encontre a origem da vergonha e transforme-a em aprendizado.

Nos tempos atuais, a vergonha tem se alastrado como uma sombra silenciosa. Muitos preferem viver escondidos atrás de muros emocionais, protegendo seu ego e suas dores da exposição. Mas a vida exige presença, transparência e entrega.

A exposição ao mundo é inevitável — e deve ser feita com inteligência, não com medo.

Abrir-se não significa se despir de toda proteção, mas aprender a mostrar-se com autenticidade e discernimento.

Sim, a vergonha pode estar na moda, mas isso não a torna saudável.

Com frequência, aqueles que mais se dizem envergonhados são os que mais precisam se conectar consigo, entender suas forças e acolher suas fragilidades.

Vencer a vergonha é um ato de amor-próprio.

É o primeiro passo rumo à liberdade emocional e espiritual.

Portanto, observe:

o que a vergonha quer lhe ensinar?

Qual parte de si ainda não foi perdoada, compreendida ou amada?

A vergonha não precisa ser eliminada com violência, mas conduzida com sabedoria.

Ela deve ocupar um lugar correto dentro da sua estrutura emocional — um lugar de passagem, não de permanência.

A vigilância sobre esse sentimento é característica dos que desejam a elevação espiritual e a serenidade do saber profundo, que ainda há de florescer.

Transforme a vergonha em luz.

Permita-se ser quem você é — com verdade, com coragem, com amor.

4
Decepção

Ora, ora... A decepção se aproxima, silenciosa, como quem deseja testar a firmeza de nossos alicerces. Antes, havia certeza nas crenças, confiança nas pessoas, esperança nos caminhos. Agora, eis que surge a frustração, abalando os pilares internos e expondo as rachaduras que antes estavam ocultas.

Nada como uma nova leitura, uma nova luz sobre os sentimentos, para transformar a decepção em portal de crescimento. Não irei descrever as suas decepções pessoais — não por omissão, mas por compaixão. O que o fez sofrer já foi vivenciado e, se ainda vibra em sua memória, é hora de dar-lhe outro sentido.

A decepção brota quando algo ou alguém não corresponde às expectativas nutridas por nós.

É o desencontro entre o que idealizamos e a realidade que se apresenta. É o descompasso entre coração e razão.

Contudo, a decepção não é vilã.

Ela é convite.

Convite ao desapego das ilusões.

Convite ao amadurecimento da alma.

Convite ao perdão verdadeiro.

Quando curada, a decepção transforma-se em perdão — e o perdão, por sua vez, é bálsamo sagrado que alivia a alma e abre espaço para novas experiências. Para perdoar, entretanto, é preciso antes compreender.

Cada pessoa tem uma forma singular de lidar com suas decepções, de acordo com seu nível de consciência, seus princípios e seus aprendizados de alma. Por isso, não compare sua dor com a do outro, nem subestime o tempo necessário para transmutar as feridas que a decepção deixou.

Evite o engano de se afastar do mundo por ter sido ferido. Isolar-se pode parecer uma defesa, mas frequentemente se torna um esconderijo para ressentimentos que continuam alimentando o sofrimento. O remédio, neste caso, está na verdade vivida com honestidade e na coragem de recomeçar.

Chega o momento — inevitável — em que é preciso fazer uma faxina mental e espiritual. Quando isso é adiado por tempo demais, surgem as doenças da alma e do corpo, os cansaços inexplicáveis, as dores que medicina alguma consegue curar. A raiz, geralmente, está ali: uma decepção não digerida, um perdão não liberado, um aprendizado recusado.

Mas toda dor carrega em si a chave da cura.

Todo erro é uma lição esperando ser compreendida.

Toda decepção é uma chance de reposicionar o coração.

Sim, o ser humano tem a capacidade divina de transformar sentimentos pesados em sabedoria.

Basta disposição para olhar com novos olhos aquilo que antes foi motivo de dor.

Conceituar cada sentimento, colocar rótulos, pode dar a ilusão de controle. Mas o verdadeiro entendimento nasce do autoconhecimento. De nada adianta decorar definições se o coração continua trancado. Melhor é silenciar, respirar, observar... E sentir, com profundidade, o que a vida quer ensinar por meio daquela frustração.

A decepção não é o fim. É o ponto de inflexão.

É o instante em que a alma é chamada a amadurecer, a discernir, a escolher outros caminhos — mais conscientes, mais leves, mais verdadeiros.

Por isso, abençoe sua decepção.

Ela o tornou mais lúcido, mais forte, mais você.

Ela o libertou de crenças que já não serviam mais.

Ela mostrou que não é no outro que está a sua paz, mas dentro de você mesmo.

Se ainda há mágoa, chore.

Depois se levante com a firmeza de quem aprendeu.

Seja grato por tudo o que passou, pois tudo o conduziu até aqui.

A decepção não o destruiu.

Ela apenas abriu espaço para algo novo florescer.

5
Saudade

A saudade é um dos sentimentos mais paradoxais que a alma pode experimentar. É dor e é amor. É ausência e é presença. É silêncio que grita, lembrança que pulsa, lágrima que escorre sorrindo.

Não há medida para a saudade, nem palavras suficientes para traduzi-la. Alguns povos até tentam nomeá-la de outras formas, mas só quem a sente compreende sua verdadeira magnitude. A saudade invade o peito como quem deseja resgatar o que se foi — pessoas, momentos, lugares, tempos... tudo aquilo que um dia nos preencheu.

Sentimento nobre, vanguardista, sutil. Sentido com mais profundidade por corações sensíveis e despertos para a realidade espiritual. A saudade bate à porta do coração e nem sempre se contenta em ficar na antessala; muitas vezes ocupa todo o espaço, exigindo ser sentida até o último suspiro da memória.

Dizem os espíritos que muitos dos recém-chegados aos acampamentos do plano espiritual trazem consigo essa saudade — da família, dos afetos, do corpo, da rotina. Muitos, depois de longos anos de convivência terrena, perdem-se ao se verem separados, como se não soubessem mais viver sem o outro que partiu. Esquecem que, embora tenham caminhado lado a lado, a jornada é individual, com objetivos e lições próprias para cada alma.

A saudade é, ao mesmo tempo, uma ponte e um abismo. Quando bem administrada, torna-se elixir. Quando mal compreendida, pode adoecer. É ela que nos ensina o valor da presença e a importância do desapego. É ela que revela que tudo é transitório, que o agora é sagrado e que nada, absolutamente nada, está sob o nosso controle eterno.

A saudade pode trazer alegria quando reencontramos quem amamos. Pode renovar a esperança e acalmar o coração em dias de escuridão. Porém, quando alimentada de maneira desmedida, pode transformar-se em tristeza profunda, depressão, melancolia — doenças que nascem da resistência em aceitar o ciclo natural da vida e da morte.

Na perda de um ente querido, é comum que a saudade tome conta do ser e o impeça de seguir adiante. Em muitos casos, a dor se instala com tamanha intensidade que paralisa a mente e ofusca os ensinamentos que a vida ainda reserva. Então, a alma se perde... não por fraqueza, mas por não ter sido ensinada a lidar com a ausência.

É preciso aprender a caminhar com a saudade sem se perder dela. A aceitar que a lembrança pode ser bênção e que o amor verdadeiro jamais se extingue com a distância. A saudade, quando bem compreendida, transforma-se em oração silenciosa e em vínculo eterno que supera a matéria.

Lembre-se: a saudade é sinal de que algo foi bom.

É prova de que o amor existiu, e isso já é sagrado.

Só tome cuidado para que ela não se torne prisão.

Sim, é possível sentir saudade sem sofrer.

É possível sorrir ao lembrar e agradecer ao invés de lamentar.

É possível transformar o vazio em gratidão.

A saudade dos tempos de criança... consegue recordá-los sem se comover? Se sim, é sinal de que aprendeu a sorver da saudade sua seiva mais doce. Se não, há ainda caminhos de autoconhecimento e cura a trilhar.

Com o passar dos anos, a saudade muda de forma, mas nunca desaparece. Fica ali, em silêncio, como um livro antigo na estante da alma, pronto para ser relido quando o coração desejar. A cada leitura, um novo entendimento se revela.

Só não permita que a saudade do passado seja a justificativa para a inércia do presente ou o obstáculo do futuro. A saudade não deve roubar sua alegria, mas despertar em você a vontade de honrar aquilo que foi vivido.

Assim, quando for hora de partir, que você leve consigo apenas a leveza de ter amado e a serenidade de ter vivido bem, com gratidão por tudo o que um dia gerou saudade.

6
Rancor

O rancor não é raiva momentânea, tampouco ódio declarado. É um sentimento sutilmente envenenado que se instala no coração sem aviso, firmando raízes profundas e silenciosas. É a mágoa cristalizada, o ressentimento adormecido que, aos poucos, intoxica a alma e corrói a paz.

Ter rancor é permitir que um fato do passado continue ditando as emoções do presente. É dar morada a um hóspede indesejado, alimentando-o diariamente com lembranças dolorosas e palavras nunca ditas. O rancor, quando cultivado, torna-se um veneno de ação lenta, que rouba o brilho do olhar, esgota as forças do espírito e obscurece as possibilidades de recomeço.

Certa vez, havia uma pessoa alegre e cheia de esperança. Vibrava com as conquistas alheias, sonhava com dias melhores, sorria com sinceridade. Mas, um dia, sentiu-se profundamente ferida por alguém querido, e, em vez de expressar sua dor, guardou-a no silêncio. Nasceu ali o rancor — discreto, quase imperceptível. Esse sentimento, abafado e não resolvido, foi crescendo dentro de si, tomando os espaços da sua leveza, sufocando suas virtudes e obscurecendo seus pensamentos.

Até que, exausta, ela resolveu procurar consolo na natureza. Deitou-se sob as árvores, fechou os olhos e orou. Então, num sono profundo, sonhou que visitava a casa do ofensor. Ali, com humildade e sinceridade, disse tudo o que precisava dizer. Ao acordar, percebeu que o rancor havia partido. Não porque o outro havia mudado, mas porque ela mesma havia decidido libertar-se.

A história poderia ter outro desfecho — talvez sem diálogo, apenas com o perdão silencioso do coração. Não há fórmula única para a cura. Cada alma saberá, no tempo certo, como transmutar sua dor em luz. Mas uma coisa é certa: o rancor precisa ser removido antes que as raízes se aprofundem demais.

O rancor é como uma erva daninha no jardim da alma. Se não for arrancado a tempo, pode sufocar todas as flores da paz, da compaixão e da serenidade. Não permita que ele se transforme em um cárcere invisível, aprisionando seus melhores sentimentos e desviando sua caminhada espiritual.

Quando guardamos rancor, gastamos energia preciosa com pensamentos que não edificam. Ficamos presos ao que já passou, alimentando diálogos imaginários, revivendo feridas, afastando oportunidades de cura. Falar do outro que nos feriu, repetir a história diversas vezes, desejar justiça... tudo isso é uma forma sutil de manter o rancor vivo.

Sim, é difícil viver no bem. Requer esforço, vigilância e, muitas vezes, renúncia. Mas viver no rancor é infinitamente mais penoso. O rancor adoece o corpo, entorpece a mente, aprisiona o espírito e nos afasta da nossa própria essência. E quem busca a elevação espiritual não pode caminhar carregando pesos desnecessários.

Saber perdoar é um dom. Antes disso, porém, é uma decisão. Um ato de coragem que não exige esquecer, mas sim libertar-se. Quando você perdoa — verdadeiramente —, não é o outro que sai ganhando. É você quem retoma o controle sobre a sua paz, é você quem se cura, é você quem se eleva.

Ao final de tudo, quando for julgado apenas pelo livro da sua consciência, não importará o que o outro fez com você, mas o que você fez com o que o outro fez.

Liberte-se.

Sinta o alívio de um coração leve.

Permita que o amor ocupe o espaço antes dominado pelo rancor.

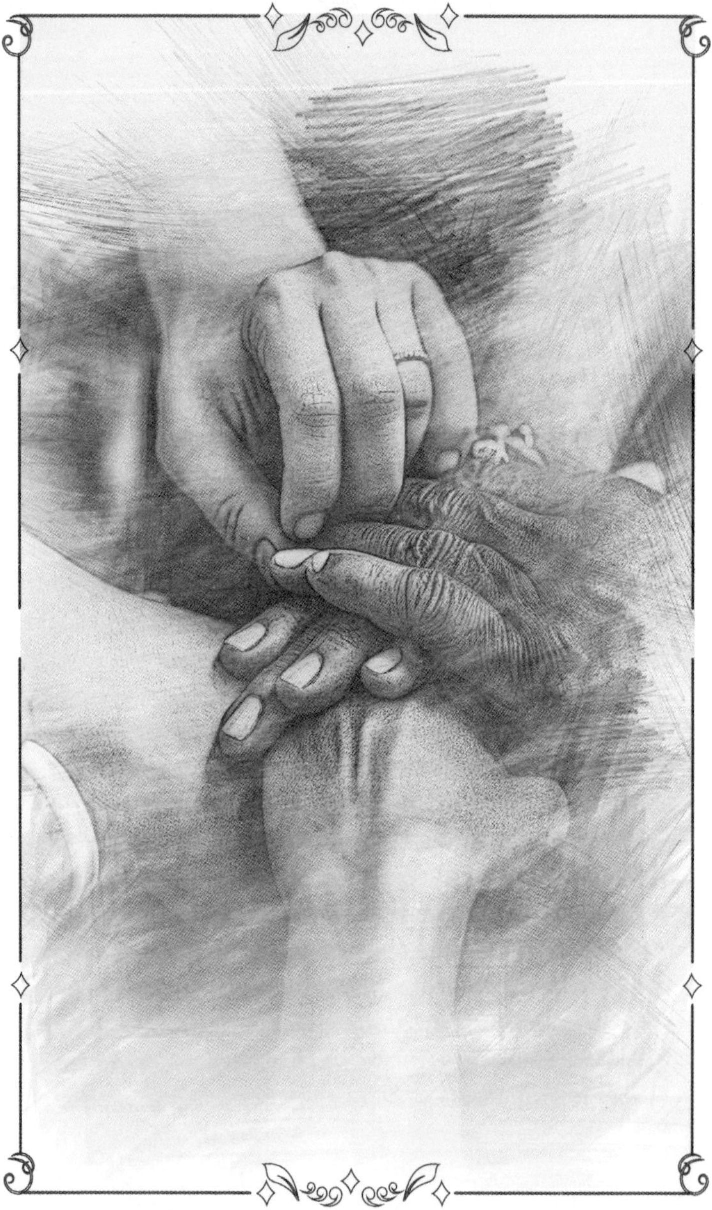

7
Solidariedade

A solidariedade é uma semente divina que repousa no coração de todos, mas que poucos regam com a prática diária. Muitos a pronunciam, poucos a vivem. Em um mundo onde o egoísmo tornou-se regra e a competição parece ser virtude, ser solidário é um ato revolucionário da alma.

Solidariedade não é dar o que sobra. É dar o que transborda: o tempo, a escuta, o ombro, a palavra amiga. Às vezes, basta um olhar sincero, uma presença silenciosa, um gesto acolhedor — e ali se faz luz na escuridão da dor alheia.

Quantos estão ao nosso lado necessitando de algo que temos em abundância e não percebemos? Quantas palavras deixamos de dizer?

Quantas mãos deixamos de segurar? Quantos silêncios deixamos de escutar?

Não se trata de distribuir tudo o que se tem, mas de repartir com verdade o que se é. Solidariedade é presença, é compaixão, é perceber-se parte de um todo. É compreender que o outro é extensão de si mesmo, e que toda dor que não nos toca ainda assim nos diz respeito.

E lembre-se: a espiritualidade não se impressiona com grandes atos públicos, mas se comove com os pequenos gestos realizados em silêncio, com amor e desprendimento. Cada vez que você age com solidariedade sem esperar aplausos, sua luz brilha mais no plano invisível.

A prática da solidariedade é também um espelho: revela a si mesmo o grau de maturidade espiritual. Quem é verdadeiramente solidário não o faz por obrigação nem por piedade, mas por comunhão. Não há superioridade em ser solidário, há irmandade.

Entretanto, cuidado: há quem use o manto da solidariedade para disfarçar interesses escusos. Ajudam para serem vistos, doam para serem aplaudidos, estendem as mãos apenas enquanto são observados. Esses gestos, embora aparentemente nobres, não encontram eco no coração da espiritualidade superior, porque o que importa não é o que se faz, mas a intenção com que se faz.

A solidariedade verdadeira não exige reconhecimento, porque se realiza na entrega. Ela é invisível aos olhos, mas registrada em cada partícula de luz que se desprende do gesto generoso.

Não espere ter muito para ajudar. Não espere estar pleno para amparar. A solidariedade não é feita de grandiosidade, mas de presença sincera.

Aqueles que descobrem o poder da solidariedade caminham mais leves. Não porque não tenham dores, mas porque escolheram caminhar com o outro, e dividir a dor é multiplicar a esperança.

A Terra é uma escola de almas, e a solidariedade é uma das disciplinas mais exigentes. É também a que mais aproxima nosso coração de Cristo. Quando você age com amor pelo outro, está vivendo o Evangelho em sua forma mais pura.

Que a solidariedade não seja um acessório, mas uma vestimenta diária da alma.

Que seja o perfume sutil que exala de você sem que perceba.

E que, ao partir desta jornada, você possa deixar rastros de amor em cada passo, porque foi solidário.

8
Paz

A paz não é ausência de conflito, mas presença de consciência. É um estado interno, silencioso e profundo, que não depende das circunstâncias externas, mas da harmonia cultivada entre razão e coração, entre ação e entrega.

Muitos a buscam do lado de fora — em lugares silenciosos, em palavras bonitas, em relações estáveis —, mas a verdadeira paz nasce no interior daquele que já não luta contra si mesmo.

A paz não é um destino, é um caminho. Um modo de estar no mundo. É o perfume de almas que aceitaram suas sombras, perdoaram seus enganos e agora caminham em direção à luz com humildade e coragem.

Na paz, você escuta a si mesmo. Na paz, você compreende o outro sem julgamento. Na paz, você permite que o tempo seja seu mestre, e que a verdade floresça no compasso do amor.

Há quem tema a paz, por confundi-la com estagnação. Mas a paz é, na verdade, o solo fértil onde as melhores sementes da alma podem florescer. É a base da lucidez, da criatividade, do amor incondicional. A paz não paralisa, ela desperta.

Em tempos difíceis, cultivar a paz é um ato de resistência. É dizer “não” ao desespero, “não” à pressa, “não” ao caos emocional que deseja arrastar o coração para a sombra. A paz é escudo e espada dos espíritos vigilantes.

Viver em paz não significa não ter problemas, mas saber acolhê-los com serenidade e fé. Significa confiar no fluxo da vida e aprender com cada desafio. Significa agir com equilíbrio, mesmo quando tudo ao redor parece ruir.

A paz é amiga do silêncio, do perdão e da simplicidade. Ela se aproxima quando os ruídos do ego se aquietam e o espírito volta a ouvir a melodia divina que sempre ecoou dentro de si.

Paz é oração vivida. É caridade feita com o olhar. É compaixão sem palavras. É saber que tudo está onde deve estar, mesmo quando os olhos humanos não compreendem os desígnios superiores.

Quando você sente a paz, não precisa mais convencer ninguém. Sua presença já é uma prece. Sua energia se torna abrigo. Sua alma emana cura.

E que consolo saber que a paz é uma semente disponível a todos, a qualquer instante! Basta uma escolha. Basta uma respiração mais lenta. Basta uma entrega verdadeira.

A paz é o berço da alma. É a morada natural do espírito que despertou para a eternidade.

Se você a perdeu, reencontre-a no silêncio da gratidão.

Se você nunca a conheceu, permita que ela o encontre ao esvaziar os excessos do mundo.

Se você a vive, que seja canal para levá-la adiante. O mundo precisa de você em paz.

9
Medo

O medo... companheiro antigo da humanidade, é um sentimento que nasce da incerteza, alimenta-se da dúvida e se instala quando a fé enfraquece.

Não é vilão por natureza. É instinto de preservação, alerta sutil que, quando ouvido com discernimento, protege. No entanto, quando desgovernado, o medo aprisiona. Fecha portas, cega o olhar e sufoca o voo da alma que nasceu para alcançar os céus.

O medo se infiltra sorrateiro nos pensamentos. Disfarça-se de prudência, mas, no fundo, é insegurança vestida de sabedoria. É aquele que sussurra: "E se der errado?", "E se você não conseguir?", "E se for julgado?". Quando você o ouve demasiadamente, ele se torna um grilhão invisível a impedir cada passo.

Há medos visíveis — como o medo da morte, da solidão, da perda, da escassez — e há medos ocultos, enraizados em vidas passadas ou na sombra ignorada de si mesmo: o medo de amar, o medo de perdoar, o medo de ser quem se é.

O medo é mestre, se compreendido. Ensina os limites, o tempo certo, a humildade de saber-se aprendiz. Por outro lado, quando não é acolhido com amor, transforma-se em tirano e faz da alma sua serva.

Quantas escolhas deixamos de fazer por medo? Quantos caminhos não percorremos por temer o novo, o desconhecido, o imprevisível? Quantos sonhos ainda dormem na alma por medo de despertar e não serem acolhidos?

O medo é como uma névoa. Espessa à primeira vista, mas tênue quando se caminha com coragem. E coragem não é ausência de medo, é a decisão de seguir apesar dele, com a mão da fé segurando firme.

Quando entregamos nossos passos à espiritualidade superior, os medos se dissolvem como sombras diante da luz. Porque onde há fé viva, não há espaço para o medo governar.

Medo da verdade? Ela liberta.

Medo da dor? Ela ensina.

Medo da perda? Ela purifica o apego.

Medo de viver? A vida passa, e o medo não a impede de passar.

Encare o medo com olhos de compaixão. Pergunte-lhe o que deseja ensinar. Talvez ele só esteja ali para lembrar que você precisa confiar mais em si, em Deus, na vida.

Liberte-se, pouco a pouco. Um passo, uma respiração, uma oração. Deixe que o medo vá embora com o vento da confiança. E lembre-se: o medo não tem raízes quando o amor é a terra onde você pisa.

10
Apego

O apego é uma sombra sutil que se esconde sob o manto do afeto. Quando não reconhecido, aprisiona o espírito em grilhões invisíveis e dificulta sua marcha rumo à luz.

Apegamo-nos ao que é visível aos olhos da matéria, esquecendo que, aos olhos do espírito, tudo é transitório. De um lado, apegos que pareciam amor, mas que nunca deveriam ter saído do campo da razão; de outro, uma névoa densa formada pela ilusão das posses, das pessoas e das ideias que acreditamos controlar.

O espírito que caminha sem vigilância enreda-se nas teias do apego sem perceber. A separação, quando chega, pode parecer loucura, levando o ser ao desequilíbrio, mergulhado em noites de tormento interior. Quando não se aceita a impermanência, transforma-se o amor em prisão e o afeto em sofrimento.

Apaixonar-se por si mesmo, porém, é um primeiro passo de sabedoria. Amar-se e respeitar o outro como livre também é sinal de elevação. O apego às pessoas, aos títulos ou aos bens terrenos pode durar séculos no plano espiritual, até que o ser compreenda o valor da liberdade interior.

Ao transitar pelos campos vibracionais do plano superior, percebi quantas almas permanecem enlaçadas a objetos, memórias ou pessoas que já não estão mais ao seu lado. Multidões estacionam sua evolução, escravizadas por sentimentos que as impedem de prosseguir. Apegos que pareciam inofensivos tornam-se algemas invisíveis que pesam no espírito e o afastam do reencontro consigo mesmo.

Uma faísca de consciência já basta para romper essas correntes. Nada é verdadeiramente nosso — nem o corpo, nem as emoções, nem as experiências. Tudo é empréstimo divino para o aprendizado da alma. Ainda assim, insistimos em agarrar o que deve ser deixado, esquecendo que até mesmo os sentidos nos são dados apenas por tempo determinado.

Não somos donos sequer do amanhã. Planejar o futuro com base no apego é como caminhar por uma estrada sem chão. Tudo pode mudar. E, se o coração estiver preso, não terá forças para recomeçar. O equilíbrio diante das perdas é a mais alta expressão de sabedoria. O verdadeiro desapego não é frieza, mas amor liberto.

Quem compreende isso aprende a valorizar o essencial e a deixar partir o que já cumpriu seu propósito. Se hoje você se encontra cercado de apegos, ainda é tempo de iniciar a libertação. Se ontem chorou por aquilo que perdeu, hoje é o dia de agradecer por tudo que aprendeu.

O espírito amadurece quando entende que a renúncia também é gesto de amor. As correntes espirituais enviam seus mensageiros para mostrar que os apegos, quando desordenados, são desvios do caminho, e não degraus da evolução.

Antes de julgar os apegos alheios, olhe para os seus. O verdadeiro duelo se trava dentro de si. E a paz só será alcançada quando você aprender a se apegar apenas ao não-apego.

Libertar-se é confiar. É abrir as mãos e o coração, certo de que tudo que precisa permanecer permanecerá — e tudo que partir deixará apenas o que foi essencial.

11
Desespero

Jamais, em dia algum, você imaginou sentir o peso desse sentimento avassalador que, sorrateiro, invade o ser e se instala com voracidade nas atitudes. O desespero não pede licença: ele toma posse. E quando o faz, desorganiza a mente, oprime o corpo e confunde até o espírito mais vigilante.

Esse visitante indesejado não chega com hora marcada. Quando menos se espera, já está sentado à cabeceira, ocupando o lugar de honra no banquete da sua angústia. E, por mais paradoxal que pareça, muitas vezes é você quem lhe oferece morada e rega sua permanência com lágrimas e pensamentos desconectados da realidade superior.

É difícil falar de desespero sem que memórias adormecidas comecem a emergir. Contudo, o aprendizado nasce da dor, e o remédio espiritual, quando acolhido com humildade, transforma a aflição em despertar.

O desespero é como um grito surdo no meio da noite. Ele adormece ao seu lado e acorda antes de você, sussurrando medos, alimentando a sensação de que não há saída. Mas há. Sempre há. E essa saída se inicia no momento em que você se dispõe a olhar para si com compaixão e coragem.

O desespero é teimoso: só parte quando é vencido pela serenidade. Esta, por sua vez, só chega quando o espírito decide plantar boas ações, edificar esperanças e afastar-se do orgulho que alimenta a solidão.

Muitas vezes, o desespero é consequência de um acúmulo de vidas mal compreendidas, escolhas não curadas, dores mal digeridas. É como se todas as vozes do passado ecoassem de uma só vez, e o presente, incapaz de suportar o peso, se fragmentasse em mil inquietações.

Curiosamente, o desespero de um pode ser o espetáculo cruel de outro. Há quem se alimente da queda alheia, vibrando nas frequências mais densas, fazendo da dor do outro um palco de prazer doentio. Mas o espírito desperto não se permite ser ator desse teatro sombrio. Ele escolhe o silêncio e a oração.

Nem toda despedida é fim. O erro está em transformar pausas em encerramentos definitivos. A vida é feita de ciclos, de recomeços, de lições. Mesmo no meio do vendaval, há sempre uma bússola apontando o norte da superação.

O desespero revela nossa vulnerabilidade, mas também pode revelar nossa força, desde que saibamos transformá-lo em ponto de partida para novas composições da alma.

A cada novo dia, você escreve uma nota na melodia da sua existência. Mesmo que as notas anteriores estejam desafinadas, o compasso atual pode ser harmonizado com escolhas conscientes, com a música da fé e da lucidez.

Adie para amanhã aquilo que o desespero não pode resolver. Mas viva agora a alegria de saber que você é capaz de dominar os próprios monstros internos com inteligência emocional e humildade diante da vida.

O amanhã ainda é promessa. Mas o agora... O agora já pulsa dentro de você, como um sopro divino lembrando: ainda dá tempo.

12

Arrependimento

Antes que o tempo leve consigo as últimas possibilidades, é melhor sentir o arrependimento agora do que lamentar no depois tardio e sem retorno. Arrepender-se é sinal de que a consciência, finalmente, encontrou eco dentro da alma e iniciou sua canção de despertar.

As oportunidades não cessam: elas dançam ao som dos acordes que você permite tocar no palco do entendimento. Com o tempo, os obstáculos de outrora revelam-se ensaios para a grande peça da vida, e aquilo que parecia castigo passa a soar como treino necessário.

No peito, germina a semente do arrependimento. Pequena, mas persistente. Suas raízes atravessam o tempo e começam a florescer nos instantes de silêncio, quando a alma, cansada de fugir, recolhe-se à sombra da verdade.

As melodias da sua história são feitas para embalar momentos de lucidez e delírio — composições únicas, que ora acolhem com ternura, ora corrigem com firmeza. Nada se assemelha à infância da consciência, cheia de esperanças antes que os vendavais da vida turvem os céus da fé.

Aos poucos, aproxima-se da morada do Altíssimo. Não mais como visitante, mas como alguém que anseia pela permanência definitiva. Para isso, o arrependimento torna-se ponte sagrada entre os erros de ontem e os acertos de amanhã.

A cobiça desmedida leva muitos aos abismos interiores, onde gritos silenciosos ecoam sem serem ouvidos. A culpa, então, bate à porta — não pede licença, apenas entra. E, ao entrar, revela a destruição que se cultivou nos desvios da consciência.

Porém, há um caminho: o arrependimento sincero. Não aquele das palavras ensaiadas, mas o que brota do mais profundo âmago, feito lágrima que liberta, feito joelho que se dobra não por medo, mas por humildade.

Queixar-se dos outros e logo depois estender a mão em busca da ajuda que antes recusou é armadilha para espíritos ainda imaturos. Há entidades à espreita, aguardando um descuido para reger seus pensamentos com a batuta das paixões infelizes. O comando da sua embarcação é seu — insista em retomar o leme.

As ilusões podem parecer vantajosas, mas o arrependimento — quando verdadeiro — não pode ser barganha. Ele exige entrega total, em corpo e espírito, em verdade e inteireza.

Não espere um momento ideal para mudar, pois o amanhã pode não oferecer o mesmo tempo. O arrependimento tardio costuma encontrar a alma já no plano espiritual, onde o remorso pesa ainda mais.

A melancolia do agora, quando acolhida com sabedoria, pode ser a alavanca que impulsiona para o alto. Ela alerta sobre a urgência de amadurecer e resgatar a dignidade da própria história.

Não há vergonha em se arrepender. Há grandeza. O arrependimento é o gesto nobre de quem decide olhar para si com sinceridade. E quem afirma nunca ter se arrependido mente para si mesmo, enclausurando-se em uma prisão de orgulho e cegueira emocional.

Permita-se o reencontro com a luz. Arrependa-se, reflita e renasça. Só assim, com humildade e coragem, o espírito encontrará o caminho da verdadeira libertação.

13
Inveja

O sabor da inveja é frio e sombrio, temperado com o calor das conversas descompromissadas, repassadas sem responsabilidade ou discernimento. Em verdade, todos podem ser alvos da inveja, mas nem sempre ela é digna de ocupar espaço nas escolhas conscientes de um espírito em evolução.

Uma das primeiras lições da espiritualidade é: jamais cobiçar a mediunidade alheia. Quando a inveja se volta para a mediunidade do outro, o campo energético de quem inveja se fragiliza, abrindo fendas espirituais por onde se infiltram vibrações nocivas, nascidas da leviandade e da ignorância do encarnado.

Degustar a inveja pode parecer prazeroso e sedutor num primeiro instante. No entanto, o preço a ser pago por esse banquete envenenado — que alimenta injustiças, perseguições e a queda do irmão — é alto e, não raro, incalculável.

Nada tenho daquilo que o invejoso deseja em mim, pois a verdadeira proteção nasce da sintonia com a luz. Aos que me invejam, não ofereço resistência, mas consciência: piso no rabo da inveja com o pé direito da fé e esmago sua cabeça com o pé esquerdo da verdade, para que essa serpente, que todos carregam em potencial, não seja criada como bicho de estimação.

Ó, divina mãe das almas necessitadas, acolhe esses corações famintos por luz e amor, que, por não saberem encontrar sua própria centelha, tentam apagar a chama do outro. A inveja dança em festa sobre os feitos alheios, desejando a queda apenas para que a própria sombra possa ser vista.

A inveja só deixará de existir na Terra quando a humanidade compreender que sua luz é única e intransferível. Sentir inveja pode até ser um impulso natural, mas utilizá-la como arma para ferir, impedir ou destruir é um desvio espiritual.

Ainda assim, ela pode, paradoxalmente, impulsionar. Ao incomodar, ela revela os caminhos que o espírito adormecido precisa percorrer. Ela rasga véus e mostra possibilidades.

Ó, bênção oculta que às vezes vem disfarçada de rivalidade, transforma-te em paciência e esperança para esses corações carentes de sentido.

Por uma mão, a inveja desce. Pela outra, ela tenta alcançar o que restou da dignidade aberta a ela. O espírito ainda não pronto deve reconhecer com humildade as fraquezas da sua personalidade em construção.

A cada reencarnação, sua essência retorna para reconstruir-se de onde parou, passo a passo, entre o tempo terreno e o tempo astral. Nada pode desviá-la do caminho do bem, a não ser você mesmo. A inveja pode ser a loucura de um instante ou a miséria espiritual de toda uma existência.

Abra as janelas da sua alma, pois, se a porta está trancada sem fechadura, é por essa abertura silenciosa que a luz encontrará passagem.

Permita que o vento limpe as dores guardadas, as angústias ocultas e as dúvidas ainda não dissolvidas, mesmo após tantas leituras feitas, mas ainda incompreendidas.

Tenha "inveja" — se assim quiser chamar — de algo nobre: da bondade do outro, da serenidade, da coragem, da sabedoria. Inspire-se, sem cobiçar. Busque, sem violentar. Lute, sem derrubar.

Mas jamais inveje a espiritualidade. Ela é sua aliada, sua verdadeira amiga, aquela que não cobra pelo conselho ofertado, nem desiste de você, mesmo que ainda não aplique o que já aprendeu.

Se alguém o inveja, mantenha-se firme na humildade e na conduta reta. Os raios de luz que descem sobre a Terra exigem que sejamos mais ajudantes que enfermos — mais faróis que sombras.

A verdade está dentro de você, apenas coberta pela poeira do ego não lapidado. Apaixone-se pela sua própria luz. Abrace suas oportunidades como quem acolhe uma criança interior, desejosa por crescer.

E quando o vento soprar forte, sinta-o como mensageiro da vida, varrendo os escombros dos ressentimentos antigos. Concentre-se. Persista. Avance. A inveja só encontra morada onde não habita o autoconhecimento.

14
Desilusão

O dissabor provocado por uma notícia indesejada, embora já pressentida, pode ser o estopim da desilusão. Quando ela chega, tudo parece sair do eixo, e o ser desiludido age de formas que jamais imaginou. A sensação de que tudo era apenas ilusão se instala com força, embaralhando pensamentos, sentimentos e sentidos.

Os enamorados conhecem bem esta dor: podem estar lado a lado fisicamente, mas separados energeticamente. Mantêm laços por conveniência, medo ou receio do julgamento alheio — daqueles que nada constroem, mas que se nutrem das fraquezas dos outros. São essas presenças silenciosas que se alimentam da energia de fracassos, gargalhando nas sombras diante da tristeza alheia.

Entretanto, a desilusão, por mais amarga que pareça, também pode curar. Ela rasga os véus e permite que o irmão enfermo veja, enfim, o outro lado da moeda. Afinal, todos temos nossas sombras, nossos lados ocultos — e é quando a venda cai que o espírito começa a enxergar com clareza.

Celebre, sim, suas fraquezas e suas dores, pois elas estão permitindo hoje um novo olhar sobre o que os outros, cobertos de densidade energética, tentaram projetar em você.

Agradeça pelas provas, mesmo as mais amargas, e peça forças para viver o agora com mais discernimento. O amanhã será menos doloroso se hoje você plantar ideias firmes e posicionamentos sinceros, construindo um solo fértil para o espírito florescer.

O livro da sua vida está em suas mãos — e as cores das páginas quem escolhe é você. Não se prenda aos extremos do preto e do branco. Celebre os tons sinceros que brotam do seu coração, mesmo que ainda esteja em aprendizado.

A sinceridade é um escudo espiritual. Sempre que você a desafia, corre o risco de receber, em troca, mais uma visita inesperada da desilusão Não tente fugir de seus erros escondendo-os atrás das portas de casa. A espiritualidade não trabalha com a matemática das justificativas humanas — ela opera na lógica sagrada do merecimento, do esforço, da transformação sincera.

A desilusão, quando acolhida, torna-se aliada. O bom samaritano é aquele que a recebe em sua morada e, com paciência, transforma-a em aprendizado. Hoje, você pode tropeçar em mais uma desilusão, mas amanhã estará mais atento, mais forte, mais sábio — e não cairá nos mesmos enganos.

Não tema a vida, nem se revolte com ela. A espiritualidade zela por você, mesmo quando não percebe. Tudo está sob controle, mesmo nos incêndios que não queimam — porque são provas e não castigos.

Não se envergonhe por ser desiludido. O sensato sofre calado, mas aprende com profundidade. A verdadeira vergonha é pertencer ao grupo dos que provocam desilusões, alimentando-se da dor alheia.

Receba a desilusão por uma porta e, com sabedoria, conduza-a à saída pela outra, transformada em lição. Guarde os perfumes das suas pétalas, pois são reservas energéticas para momentos futuros.

Não viva como mártir, mas como exemplo. Deixe rastros de primores e ensinamentos por onde passar. Abrace a vida com coragem, saboreie suas dádivas dentro dos limites morais, terrenos e astrais, e lembre-se: a linha entre os dois mundos é tênue — e você caminha sobre ela todos os dias com seu livre-arbítrio.

Deixo aqui a minha paz, para somar com a sua. Que, unidas, nossas luzes possam transformar corações e multiplicar o bem.

15
Culpa

Caminhando pelas armadilhas da vida, encontrei uma figura bonita e atraente. Ao perguntar seu nome, respondeu-me com serenidade:

— Meu nome é Culpa. Estou à sua disposição sempre que fizer algo contra a sua própria vontade. Não se preocupe, não tenho horário fixo... Pode me chamar a qualquer momento. Na verdade, ando com você o tempo todo, e estou mais presente do que imagina.

Essa resposta me deixou pensativo. Revi cada palavra e percebi como os espíritos — encarnados ou desencarnados — abrem, muitas vezes inconscientemente, as portas de seu lar mental para abrigar a culpa. Ela entra sem bater e, quando menos se espera, já está instalada, dividindo o espaço com o sono, com os pensamentos, com a paz.

A culpa é um fardo pesado para quem não está preparado para lidar com ela. Em certos momentos, ela se torna tão íntima que passamos a encarnar sua forma: seres cheios de medos, remorsos e silêncios, tentando disfarçar os erros que ainda ecoam na consciência.

A cama já está cheia... Será que ainda há espaço para mais uma culpa deitar-se comigo? Ou, quem sabe, você poderia dividi-la comigo? Seria um privilégio ou um castigo tê-la acordando e adormecendo ao seu lado?

Meus irmãos, essa introdução é apenas o início de um mergulho profundo nas indagações sobre a culpa. O aprimoramento começa sempre com a reflexão. O verdadeiro alívio vem depois do confronto honesto com a própria consciência.

Se as lágrimas escorrem por algo que você fez — ou deixou de fazer — há tempos, acolha-as com compaixão. O desabafo pode ser silencioso.

Não é necessário compartilhá-lo com sacerdotes, amigos ou parentes. O essencial é que você fique em paz com sua memória, liberando a culpa pelo passado sombrio e permitindo que o presente floresça com mais dignidade.

As oportunidades para mudar surgem a cada instante. Você não está à mercê do acaso. Respire fundo. Com paciência e humildade, verá que tudo o que apresento aqui é apenas um convite à cura.

Chega de disfarces e desculpas repetidas. É tempo de novidade espiritual. É tempo de escolher como você deseja lidar com as culpas mal resolvidas que ainda habitam seu ser. Tem alguma ideia? Eu espero que sim...

O passado deve ser um mestre, não um carcereiro. O presente, uma chance única de não repetir os erros que já conhece tão bem. Às vezes, o seu julgamento sobre o certo e o errado está distorcido pelo orgulho ou pela dor. Comece a mudar parando de criticar o outro. Torne-se menos egoísta e mais justo, mais sensato.

À medida que aprender a administrar sua culpa com maturidade, sentirá seus dias mais leves, seu paladar pela vida mais doce e sua alma mais tranquila.

Quando reencontrar aquele que o feriu — ou que você feriu —, esteja em paz. Não seja você a parte que teme o encontro. A dívida é dele, não sua. Aguarde, observe e, quando for provocado, reaja com serenidade e altivez. Transforme a dor em dignidade.

Lembre-se: nada está escrito em pedra. As situações não resolvidas estão sob os olhos atentos dos mentores espirituais e dos destinos que se entrelaçam. As vidas se cruzam para permitir reencontros, curas, recomeços. Entretanto, tudo depende de uma escolha: continuar alimentando mágoas ou libertar-se delas pela superação da culpa.

Esta, quando compreendida e acolhida com sabedoria, pode ser uma aliada. Por isso, meu conselho de amigo: tenha a culpa como companheira de aprendizado, nunca como inimiga da sua jornada. Deixe que ela caminhe ao seu lado quando necessário — não para dominar, mas para ensinar.

Evite as válvulas de escape que parecem justificáveis, mas que só escondem a verdade. A desculpa fácil costuma ser o abrigo do medo e da covardia. Em vez disso, amplie suas verdades interiores. O primeiro passo para crescer é olhar-se com honestidade, sem máscaras, sem omissões.

Você é capaz de conviver com a culpa, desde que aprenda com ela. Você é capaz de se libertar dela, desde que deseje evoluir. E esse, meu irmão, é o verdadeiro caminho do bem.

Muita paz!

16
Caridade

A verdadeira caridade começa no coração, no íntimo da alma que decide, com sinceridade, reformar-se sem esperar aplausos ou troféus. Ela brota quando o ser decide doar o que tem de melhor — tempo, atenção, consolo, esperança —, sem impor ao outro sua forma de ver o mundo.

Enquanto houver a imposição da vontade de um povo sobre o outro, o mundo continuará a vivenciar guerras. O verdadeiro apocalipse é a ausência de empatia, o ego inflamado dos dirigentes e a falta de humildade nos corações.

Sim, a caridade pode alimentar o corpo do pobre e expandir a consciência do rico. Mas a mente ainda empobrecida de sabedoria e entregue ao egoísmo jamais acolherá a caridade em sua plenitude, pois doar sem entender o valor da entrega é apenas vaidade disfarçada de bondade.

No plano espiritual não existe troca de favores, nem favores por troca. Tudo é feito com pureza de intenção. A caridade verdadeira é espontânea, silenciosa, despretensiosa.

Quero espalhar essa luz — a luz da caridade — pelos sete cantos do mundo. Que ao menos um coração encarnado a reconheça e decida caminhar conosco. Muitos perguntam: "Como posso enxergar essa faixa de luz se não tenho mediunidade?".

A resposta é simples: a leitura de um livro que transforma, a escuta atenta de um desabafo, o abraço dado sem pressa — tudo isso é mediunidade em ação.

O dom espiritual não está nos fenômenos, mas na disposição interior de servir. No plano superior, não existem privilégios: apenas tarefas, missões e escolhas. Cada um tem um papel a cumprir.

O Grande Mestre observa os históricos de vida como um editor que lê, linha por linha, o livro de cada alma. Os erros são sempre compreendidos quando há boa vontade em acertar, quando a intenção sincera supera os limites da imperfeição.

Feliz é aquele que, mesmo sabendo pouco, faz muito.

Infeliz é aquele que, julgando-se sábio, nada realiza com o coração.

Enquanto sentir que ainda há o que aprender, você crescerá. Mas, ao julgar-se completo, cairá na ilusão das conquistas terrenas e do falso saber.

Por isso, uma dica valiosa: abasteça sua mochila espiritual com aprendizados nas diversas estradas da vida.

A cada passo dado, novas provas surgirão. Nada vem de graça quando se busca a elevação com consciência e caridade.

Seja o primeiro beneficiário da sua caridade. Cure a si antes de querer curar o outro. Depois, compartilhe. Espalhe. Inspire.

Todos estamos nesta jornada. Somos indivíduos com livre-arbítrio, interligados pelo mesmo propósito: evoluir.

A caridade que se faz com olhos vendados é bem recebida.

A que se faz esperando agradecimentos é envenenada pela vaidade.

A que se faz com leveza alegra o coração.

A que se faz com pesar adoece quem a pratica.

Você não quer acumular dívidas espirituais, nem lamentações pendentes. Sua contribuição neste mundo de provas e expiações não pode ser terceirizada. Ela é sua, e só sua.

Caso a caridade que você oferece seja mal compreendida, reavalie sua intenção. Se estiver limpa, continue. Se estiver ferida de orgulho, transforme-a.

Não adianta recitar "minha culpa, minha grande culpa"... A espiritualidade não reconhece o vitimismo como virtude. Ela reconhece o esforço sincero, o enfrentamento das sombras e a escolha pela luz.

Você é, ao mesmo tempo, o herói e o vilão da sua própria história.

Ninguém o empurrou para a vida — você escolheu estar aqui.

Aceitar sua caminhada, com coragem e humildade, já é metade do caminho rumo à aprovação espiritual.

Seja um bom aluno da vida. Estude, aprenda, compartilhe, amadureça.

Quando for a hora de deixar esta vestimenta chamada "corpo", esteja pronto para continuar sua jornada, livre e leve.

Aos que reprovarem... Os testes-surpresa da vida estão por toda parte. Numa dessas esquinas, o desencarne pode ser o sinal de que a festa realmente acabou.

17
Dúvida

Na jornada pelos caminhos da vida terrena, a dúvida é presença constante — como uma brisa que muda de direção ao menor sopro de incerteza. No campo do bem, ela surge para testar a firmeza da alma. No caminho da luz, aparece como névoa sobre a mente, provocando reflexões sobre aquilo que ainda não foi plenamente compreendido. Nos terrenos do amor, a dúvida pode tornar-se a terceira sombra, questionando a fidelidade dos sentimentos, sondando a lealdade do coração.

A dúvida tem mil faces e, entre elas, uma é sua própria. De todos os que podem duvidar de você, ninguém o fará com mais intensidade do que você mesmo.

A superação de hoje, que talvez pareça improvável aos olhos do mundo, pode ser exatamente a alavanca que elevará sua essência a patamares mais altos de compreensão. Ainda que calado, você permanece forte diante das provações do tempo — porque a dúvida, sorrateiramente, só escolhe habitar o coração dos que carregam a fé.

Chegamos, então, ao segredo espiritual da dúvida:

Primeiro: aceite com coragem as consequências de suas escolhas. A dúvida não se desfaz com lamentos, mas com aprendizados.

Segundo: ame, ainda que sem retorno. O amor verdadeiro não vampiriza, ele ilumina.

Terceiro: confie na fé que paira sobre as nuvens da dúvida, pois ela será o sopro que o elevará acima dos véus da incerteza.

O tempo de alimentar dúvidas já passou.

Nada de revisitar as incertezas antigas, nem de colocá-las como trono em sua alma. A dúvida, quando mal administrada, é rainha tirana, mas, quando bem compreendida, é conselheira discreta.

Se uma estrela duvidar do seu brilho, toda constelação perderá sua forma. A harmonia do cosmos se desfaz quando os astros deixam de crer na própria luz — e a escuridão do buraco negro se instala onde antes havia beleza e ordem.

Na fase inicial, a dúvida pode parecer engraçada, quase inocente.

No entanto, se cultivada, vira descrença.

Se não for aparada, corrói a autoridade das suas palavras, transforma a sinceridade em ruído, a verdade em sarcasmo.

Ainda assim, a dúvida tem seu lugar. Ela pode ser freio santo que impede a queda.

Pode ser ponte entre o impulso e a sabedoria.

Pode ser lanterna na mão de quem caminha à noite.

Todos, em algum momento, convivem com a dúvida.

Ela acompanha os despertos, os sensíveis, os que anseiam pela elevação.

A dúvida é irmã da consciência, quando usada com discernimento.

Ela abre portas. Permite pausas. Ensina a ponderar.

Mas cuidado: onde ela se alonga, chegam a insegurança, a descrença, a impaciência, a desunião, o desespero...

A dúvida mal compreendida abre as portas para a confusão da alma.

A cura virá quando você decidir não mais alimentar as vozes que semeiam incerteza.

Lance ao vento palavras de fé. Partilhe com os amigos sinceros a confiança que, mesmo frágil, ainda pulsa em seu peito.

E lembre-se: há aqueles que, mesmo sem você pedir, trazem dúvidas embaladas em palavras doces. Cuidado com os presentes embrulhados em encantos vazios. Use o bom senso — é leve, discreto, mas poderoso.

Mesmo que as mensagens pareçam derradeiras, a jornada continuará com ou sem dúvida.

As faixas vibracionais do universo não param.

E espíritos como você seguem transitando entre aprendizados, tropeços e conquistas.

Com o tempo, você saberá — com doçura e firmeza — quando usar a dúvida como espada... e quando silenciá-la como oração.

Confie. A dúvida pode ser uma mestra, mas você é quem define se será aprendiz... ou prisioneiro.

18
Amor

"Amar-te-ei até o final da minha jornada enquanto encarnado" são palavras tantas vezes repetidas pelos enamorados, mas raramente compreendidas em sua profundidade por aqueles que as pronunciam.

O amor verdadeiro não nasce do impulso da carne, nem da ilusão do momento. Ele brota da chama sagrada que arde no altar do coração desperto, elevando-se em ondas luminosas para além dos céus visíveis. O amor é luz que emana do centro da alma e se expande como orvalho de estrelas sobre os campos da humanidade.

É na prece silenciosa, feita com a inteireza do ser, que se revela o mais puro amor do Altíssimo. Mas tal revelação não acontece sem preparo: é preciso estar alinhado com os propósitos da encarnação, de olhos abertos para o invisível e coração limpo para a verdade do sentir.

O amor, em sua essência mais pura, não exige, não cobra, não fere.

Ele é entrega sem esforço, presença sem barulho, companhia sem posse.

Ele é brisa que acalma e chama que purifica.

Não se explica, porque ultrapassa os domínios da razão.

Não se mede, porque não tem limites.

Quando o amor é imposto, fere. Quando o amor é cobrado, adoece.

Somente o amor livre e respeitoso encontra solo fértil no coração do outro.

O amor que transforma não é aquele que prende, mas o que liberta com confiança. Não é aquele que exige reciprocidade imediata, mas o que acolhe com gratidão o simples fato de amar.

Na dança entre o amor e o ódio, os que insistem em controlar o sentir caem no abismo da repetição dolorosa. O verdadeiro guerreiro do amor é aquele que empunha a espada da compaixão e veste a armadura da paciência. Amar exige coragem. Amar é um ato de fé.

Ó, Amor, não deixes a porta tão escancarada, para que o outro não entre como quem invade.

Mas também não a feches com trancas de medo, pois o amor não resiste ao cárcere da desconfiança.

O amor tem sua inocência, sim, e nela reside a beleza da entrega... mas é preciso ter discernimento.

Não se ama com cegueira — ama-se com os olhos da alma, atentos à sabedoria do espírito.

O amor é dualidade e alquimia.

Pode curar ou ferir. Pode elevar ou consumir.

Por isso, é preciso amar com verdade, com integridade, com luz.

O bálsamo do amor desce do Alto e repousa nos corações que se abrem à sua presença. Ele não pergunta se é bem-vindo, mas se manifesta com sutileza, aguardando apenas ser reconhecido.

A esperança é irmã do amor, e a desilusão, sua sombra passageira.

Ambas existem para ensinar que amar é também aprender a perder, soltar, recomeçar.

Muitos falam de amor, mas não o sentem.

Outros o carregam no peito, mas o ocultam por medo.

Alguns o procuram, sem saber que ele mora dentro de si.

E há ainda aqueles que, mesmo sem buscá-lo, são surpreendidos pela visita desse hóspede divino.

O amor não segue fórmulas.

Ele é mistério.

É presença.

É lição.

É chama que aquece e luz que guia.

Amor, peço-te: livra-nos do ódio e transforma nossas dores em sementes de aprendizado.

Se algum dia o amor parecer ausente, que reste ao menos a lembrança daquilo que foi sentido com verdade — para que do ódio ninguém se alimente e da paixão ninguém se perca.

No final da jornada, nada levaremos além do amor que fomos capazes de cultivar — por nós, pelo outro e por aquele que despertou em nós a chama eterna do divino sentir.

19
Ódio

Quem foi que disse que o ódio faz bem à alma? Quem ousou acreditar que esse fogo corrosivo traria alívio às dores do espírito?

O ódio, em sua fúria silenciosa ou estrondosa, é sempre um veneno disfarçado de justiça, uma sombra disfarçada de poder.

Não há perfume na flor do ódio.

Não há inocência no jardim em que ele cresce.

O solo onde germina é feito de mágoas antigas, ressentimentos não curados e ilusões de vingança.

Seus frutos, por mais doces que pareçam ao paladar ferido, são amargos no espírito e deixam rastros de destruição onde tocam.

As chamas densas do ódio vibram no umbral das emoções desgovernadas.

Quanto mais se pensa, se sente, se fala ou se age com ódio, mais se atrai a companhia dos que nele vibram — encarnados ou não.

Há quem diga: "Entrego tudo nas mãos de Deus"...

Mas muitos fazem isso para se eximir da responsabilidade de amar, de perdoar, de transformar a si mesmos.

Deus não é desculpa para a estagnação.

Deus é convite para a coragem amorosa de seguir em frente, com retidão e sem revanche.

O ódio nunca anda só.

Ele caminha ao lado da vitimização, da intolerância, da arrogância e da cegueira interior.

Quando encontra abrigo no coração, torna-se companheiro constante das doenças do corpo e da alma.

Ele se instala sorrateiro, sussurrando que é justiça...

Mas em verdade é apenas desespero com máscara de bravura.

E o que fazer quando ele bate à porta?

Convidar o perdão para sentar-se à mesa.

Mesmo que o coração ainda esteja ferido, mesmo que a alma chore em silêncio.

Imaginemos um tribunal de sentimentos.

Lá estão o amor, o orgulho, a raiva, o medo, a mágoa... por fim, o ódio, esperando sua vez de falar com voz alta e sedutora.

Mas o juiz é o perdão — aquele que escuta sem julgar, que acolhe sem absorver, que compreende sem ser conivente.

O veredito é claro:

Nenhum ser que alinha sua vibração ao ódio poderá sustentar a luz.

Nenhum coração que o abriga poderá ver com clareza o caminho da paz.

Cabe a cada um escolher, a cada amanhecer, qual sentimento nutrirá:

O amor que liberta?

Ou o ódio que aprisiona?

A fé que compreende?

Ou o ressentimento que corrói?

A escolha é individual, intransferível e sagrada, pois tudo aquilo que cultivamos em nosso campo emocional florescerá, mais cedo ou mais tarde, como realidade em nossa vida — nesta ou em outra existência.

Seja qual for a escolha, lembre-se:

as colheitas são reflexos das sementes lançadas ao solo do tempo.

Que o perdão o ensine.

Que o amor o guie.

Que o ódio seja compreendido, transmutado e deixado para trás — como o pó dos caminhos que já não servem.

Com esperança, fé e luz.

Posfácio

Sentimentos: O Livro da Alma

Encerrar um livro como este não é tarefa simples, pois não se trata apenas de páginas escritas, mas de vivências espirituais compartilhadas com o leitor em forma de palavras que vibram, tocam e transformam. Esta obra não fala apenas **sobre** sentimentos — ela **fala com** os sentimentos. Ela os convoca, os reconhece, os acolhe e, sobretudo, os liberta.

Lucius, em sua sabedoria doce e firme, nos acompanhou por esta jornada como um farol. Em cada capítulo, sua voz serena conduziu o leitor ao mergulho profundo da própria alma. A cada sentimento abordado — tristeza, alegria, vergonha, decepção, saudade, rancor, solidariedade, paz, medo, apego, desespero, arrependimento, inveja, desilusão, culpa, caridade, dúvida, amor e ódio —, somos convidados a olhar sem máscaras, sem fugas e sem julgamentos.

Não há um sentimento sequer que não tenha sido iluminado sob a ótica do espírito, mostrando que nenhum deles é em si um inimigo, mas um instrumento de aprendizado e autoconhecimento, quando bem compreendido e transmutado.

A **tristeza** ensinou o valor do silêncio.

A **alegria**, a beleza da gratidão.

A **vergonha** mostrou a necessidade do autoperdão.

A **decepção** revelou a urgência do discernimento.

A **saudade** nos reconectou aos laços eternos.

O **rancor** gritou pelo bálsamo da misericórdia.

A **solidariedade** foi o sopro de Deus na alma do outro.

A **paz** nos relembrou nossa origem.

O **medo** nos mostrou o tamanho da nossa fé.

O **apego** nos ensinou a leveza da renúncia.

O **desespero** nos levou ao altar da rendição.

O **arrependimento** abriu o portal da humildade.

A **inveja** expôs a carência de autovalor.

A **desilusão** retirou véus para que víssemos com clareza.

A **culpa** se dissolveu na chama da responsabilidade.

A **caridade** expandiu a luz que somos.

A **dúvida** nos lembrou da sabedoria de perguntar.

O **amor** nos resgatou como essência divina.

E o **ódio**... ah, o ódio nos alertou sobre tudo aquilo que esquecemos de amar.

Este livro é mais do que uma leitura.

É uma iniciação emocional e espiritual.

É um chamado à consciência.

É um lembrete suave e profundo de que, por trás de cada sentimento, há uma lição da alma, uma chance de reencontro consigo mesmo e com a centelha divina que habita em nós.

Ao final desta jornada, não somos mais os mesmos. Saímos tocados, reflexivos, renovados. Saímos mais humanos e mais espíritos. Compreendemos que os sentimentos não nos definem, mas nos moldam. Não nos aprisionam, mas nos despertam.

Que este livro seja um companheiro constante, um amigo de alma, um guia silencioso nas horas em que os sentimentos transbordarem. Que cada palavra aqui escrita seja um farol aceso na travessia das suas emoções e que, ao fechar esta obra, você abra um novo tempo em sua existência: o tempo de sentir com verdade, com sabedoria e com amor.

Porque sentir é viver.

E viver com consciência é despertar.

Com paz e reverência,

Thyago Avelino, pelo Espírito Lucius.